ÉTUDES DE PHILOSOPHIE NATURELLE
2me SÉRIE : N° 6

LA CLASSIFICATION RATIONNELLE
ET
LA PHÉNOMÉNOLOGIE TRANSCENDANTE

(Avec Planche)

PAR

J.-ÉMILE FILACHOU

Docteur ès-Lettres.

Argumentum non apparentium.
Hebr., XI, 1.

MONTPELLIER	PARIS
Félix SEGUIN, Libraire-Éditeur	DURAND & PEDONE-LAURIEL
Rue Argenterie, 25.	Rue Cujas, 9.

1876

Suite des Ouvrages du même Auteur

N° 6. Sens et rationalité du dogme eucharistique. 1 vol. in-12. 1872.

N° 7. Démonstration psychologique et expérimentale de l'existence de Dieu. 1 vol. in-12. 1873.

N° 8. De l'ordre et du mode de décomposition de la lumière par les bords minces. 1 vol. in-12.

N° 9. Le système du monde en quatre mots. 1 vol. in-12.

N° 10. Classification raisonnée des Sciences naturelles. 1 vol. in-12.

2ᵉ SÉRIE. N° 1. La mécanique de l'esprit conforme aux principes de la classification rationnelle. 1 vol. in-12.

N° 2. Organisation et unification des sciences naturelles. 1 vol. in-12.

N° 3. L'Histoire naturelle éclairée par la théorie des axes (avec planche). 1 vol. in-12.

N° 4. La mécanique de l'esprit par la trigonométrie. 1 vol. in-12.

N° 5. La Classification rationnelle et le Calcul infinitésimal. 1 vol. in-12.

Montpellier. — Typogr. BOEHM et FILS.

ÉTUDES DE PHILOSOPHIE NATURELLE

2ᵐᵉ Série : Nº 6

LA CLASSIFICATION RATIONNELLE

ET

LA PHÉNOMÉNOLOGIE TRANSCENDANTE

POUR PARAITRE PROCHAINEMENT :

(2me SÉRIE.)

N° 7. La Classification rationnelle et la Géologie. 1 vol. in-12.

N° 8. La Classification rationnelle et la Pragmatologie psychologique. 1 vol. in-12.

N° 9. La Classification rationnelle et la Pneumatologie mécanique. 1 vol. in-12.

N° 10. Éléments de Psychologie mathématique. 1 vol in-12.

Montpellier. — Typ. BOEHM et FILS.

ÉTUDES DE PHILOSOPHIE NATURELLE
2ᵐᵉ SÉRIE : N° 6

LA CLASSIFICATION RATIONNELLE
ET
LA PHÉNOMÉNOLOGIE TRANSCENDANTE

(Avec Planche.)

PAR

J.-ÉMILE FILACHOU
Docteur ès-Lettres.

Argumentum non apparentium.
Hebr., XI, 1.

MONTPELLIER	PARIS
Félix SEGUIN, Libraire-Éditeur	DURAND & PEDONE-LAURIEL
Rue Argenterie, 25	Rue Cujas, 9.

1876

©

INTRODUCTION

La phénoménologie, dont l'objet est d'indiquer, de classer et d'expliquer les phénomènes ou les faits apparents du monde extérieur, est une science à la fois descriptive et rationnelle, mais d'abord spécialement descriptive et rationnelle, avant d'être plus tard rationnelle et descriptive. Descriptive et rationnelle tout d'abord, elle est dite *naturelle* ; rationnelle et descriptive ensuite, elle est dite *transcendante*.

Naturelle, la phénoménologie s'occupe d'indiquer, de classer et d'expliquer les phénomènes physiques ou sensibles, plus tôt perçus que représentés, ou plus tôt donnés que pensés ; et, comme depuis l'enfance le nombre et la variété de ces phénomènes vont en croissant ou se diversifiant toujours, la marche en est alors en apparence progressive. Ainsi, d'abord elle énumère, avec nos organes ou moyens de sensation, nos différentes formes ou facultés de sentiment ; et, dans cette première série de recherches, elle comprend les cinq sens corporels, les sens du plaisir et de la douleur, le sens vital ; elle décrit en même temps toutes les formes objectives apparentes, régulièrement inséparables de l'exercice du même sens. Bientôt, cependant, elle n'en demeure pas là ; car, jugeant les données immédiates de l'observation accessibles à la critique de la raison, elle examine et dit, soit dans quel ordre les cinq organes du tact, du goût, de l'odorat, de la vue et de l'ouïe entrent en fonction, soit comment le fonctionnement s'en accomplit et développe incessamment. Se portant ensuite plus avant, elle passe, de la considération du sujet sensible et représentant, à celle des innombrables objets perçus et représentés, et divise incontinent ces derniers, par divisions ou sous-divisions successives, d'abord en célestes et terrestres, puis (les terrestres) en inorganiques et organiques, puis encore (les inorganiques) en solides, liquides et gazeux (les organiques), en cristallins, végétaux ou animaux, et ainsi de suite, sans fin. Mais, à force de décomposer ainsi les phénomènes terrestres usuels, on trouve les progrès de la science assez mesquins pour croire devoir reporter son attention sur les objets célestes dispersés dans le firmament et comprenant, outre les météores passagers, les astres innombrables entre lesquels le soleil et la lune semblent être les plus remarquables, moins par leur prépondérance intrinsèque que par leur moindre éloignement. Le champ de la phénoménologie s'agrandissant alors de celui de l'astronomie physique, on étudie, sans cesser de mener de concert l'observation et la raison, l'ordre et la division des phénomènes atmosphériques, le mouvement direct ou rétrograde des planètes, le mouvement réel ou apparent du soleil, les rapports réciproques du soleil et des planètes, et, jaloux d'avancer toujours, on veut alors découvrir jusqu'aux rapports mêmes du système solaire avec tout le firmament; mais ici l'observation ne fournissant plus de données positives, au moins suffisantes, la raison doit désormais marcher seule ou du moins la première, et c'est par suite de ce renversement des rôles entre l'observation et la raison que la phénoménologie, jusqu'à cette heure descriptive et rationnelle, devient une fois pour toutes rationnelle et descriptive, ou *transcendante*.

Cette nouvelle direction de la science phénoménologique est-elle maintenant admissible, et peut-on supposer qu'elle ait la moindre chance d'aboutir? On peut bien précipitamment le nier, si l'on confond le difficile avec l'impossible ; mais, en droit, on ne le peut point, parce qu'en définitive, quoique arrivant en seconde ligne seulement, la raison est autant ou plus sûre en ses dires que l'observation. Est-ce que souvent la fille n'en sait pas plus que la mère, ou le fils que le père ? Est-ce que les hommes d'aujourd'hui ne sont pas plus instruits que les hommes d'autrefois ? Si l'observation se passait de l'assistance de la raison, on prendrait niaisement en bien des rencontres des fagots flottants pour des navires, ou des bâtons rompus pour droits. Et sans doute, si la raison ne se fondait dans ses jugements sur aucun fait antérieur, elle ne se nourrirait à son tour que de chimères, et n'atteindrait jamais à la réalité. Mais donnez-lui des faits réels pour base : n'importe qu'en eux-mêmes ces faits s'annulent en peu de temps, il suffit qu'ils soient une fois bien réels et primitifs pour que, s'appuyant là-dessus comme l'a fait Newton pour le système solaire, la raison en déduise avec certitude le système complet de l'univers.

Mais où la raison, nous demandera-t-on ici peut-être, ira-t-elle puiser ses renseignements pour l'inauguration d'un système universel et perpétuel sur des bases limitées et précaires ? Ce n'est pas au vide de l'espace, non plus qu'à l'inconnu, qu'elle ira les demander : elle les cherchera dans le sein même de cette nature sensible, précaire et limitée, qui l'initie d'abord au demi-savoir, non toutefois en attribuant à ses observations plus de portée qu'elles n'en ont, mais en en défalquant l'accident et l'imprévu qui les vicie, pour y voir aussitôt, après l'enlèvement de cette enveloppe larvaire, la forme immortelle sous-jacente, et la première réelle, quoique la dernière venue. Ce n'est pas un prodige inouï que le premier être réel soit le dernier apparent. On a dit bien des fois, sans pouvoir être accusé de faux, que, de deux frères jumeaux, le plus tard mis au monde était l'aîné des deux, car effectivement la première chose enfermée dans un sac est la dernière à sortir. L'antériorité d'existence, comme celle de possession, constitue bien un droit; mais ce droit d'antériorité, pris toujours sur le passé digne de respect, ne fait en aucune façon obstacle à la libre ou pleine expansion du présent exclusivement prise sur l'avenir ; et par conséquent, où le précaire expire et le sensible s'arrête, la raison a le droit de parler désormais avec empire et d'introniser à perpétuité l'idéal. Cela faisant, la raison ne crée rien ou n'invente ni n'imagine rien, à proprement parler ; mais elle ôte seulement d'autour de l'éternelle vérité l'échafaudage provisoire sous ou derrière lequel elle a dû s'abriter avant de devenir assez puissante pour attirer et fixer seule sur soi tous les regards.

Le contingent et le provisoire ne subsistent point en l'air ou dans le vide, comme s'ils étaient portés sur le néant ; en d'autres termes, on ne conçoit point que l'apparence soit l'annexe du néant. Au contraire, on conçoit très-bien que l'être tombe sous l'apparence, car un rayon de lumière, au lieu d'être perçu directement, peut l'être obliquement et de-

venir par là même moins brillant, ou polarisé, ce
qui le réduit au demi-être ; de même, au lieu que
deux atomes en contact éprouvent un mouvement
de contraction à peu près irrésistible, leur contact
est à peine détruit que ce premier élan de force s'abat
soudainement et s'affaiblit ensuite en raison du
carré de la distance, et disparaît tout à fait à l'approche d'un nouveau centre immédiat d'attraction
comparable au premier. Par obliquité de directions
ou par changement de distances, le sentiment s'irrite ou s'amortit et les apparences varient ; mais les
êtres ou les sujets restent comme principes ou
comme termes de rapports ; bien plus, au-dessus
des rapports sensibles, actuels, explicites, il y a toujours les rapports virtuels implicites, non latents
parce qu'ils n'existent pas, mais seulement latents
parce qu'ils sont sensiblement moins frappants que
d'autres de bien moindre valeur réelle, auxquels on
a recours pour leur éclat, en vue de rappeler ou
d'obtenir un degré d'attention qui pourrait autrement faire défaut. Et, pour ne point rester ici dans
les généralités, prenons pour exemple les divers
mouvements observables dans la nature. Est-ce
que ces divers mouvements, dont le dénombrement
serait impossible, ne se réduisent point en dernière
analyse à trois, ou même à un seul, le mouvement
circulaire, essentiellement uniforme et constant en
principe ? Car, d'abord, il a la vertu de se reproduire

seul indéfiniment, et puis, par modifications accidentelles intelligemment appliquées, il suffit également à reproduire tous les autres. Varions-en, en effet, le rayon vecteur ou la vitesse angulaire, et nous en verrons sortir successivement les mouvements elliptique, parabolique, hyperbolique, rectiligne..., en un mot tous les mouvements. Mais avec ce mouvement primitif sont aussi données les notions de centre, de force, de direction, de sens, etc. Donc il n'y a point de phénomène visible qui ne soit sous-tendu par un fait invisible et réel, dont le visible apparent ne peut pas plus se passer pour devenir apparent d'emblée, que l'invisible à son tour ne peut se passer du visible apparu pour prendre extérieurement part au même mode de manifestation.

Les mêmes formes absolues que la raison entrevoit comme nécessaires ou désirables au terme de ses recherches empiriques sont donc celles qu'elle est obligée de présupposer encore à leur début. Qu'elle débute ou qu'elle achève alors, le cas ne change pas. A ses yeux, la *fin* est identique au principe, mais le *principe* ne peut pas davantage se passer de la *fin*, et, forcée de confondre ainsi le principe et la fin du savoir empirique, elle tient évidemment en mains dès ce moment l'*absolu*. Donc, prenant ici la raison pour guide, nous n'avons pas à craindre de nous mouvoir dans le vide ni de nous tromper. La science née des faits est la science empirique, certaine des faits, ignorante des lois ; la science rationnelle, instruite des lois, arrivée jusqu'aux premiers principes, manie désormais les faits à l'instar du Créateur lui-même, chez lequel la prévision n'est pas moins sûre que la mémoire, ni l'intelligence moins précise ou moins développée que le sens.

En jugeant maintenant, d'après ces idées, de ce que nous avons à faire, nous pouvons aisément formuler notre but et notre tâche en cet écrit. Notre but est de découvrir les formes passées, présentes et futures du monde, qui sont supposées jusqu'à présent pour nous latentes, mais peuvent, dès-lors, répondre à notre désir infini de savoir. Notre tâche est de rechercher ces formes par le procédé d'abstraction, en remontant aux sources du savoir empirique lui-même, et reconnaissant ce que ses haillons ou lambeaux de connaissance imparfaite et grossière recèlent de nécessaire et de général. Supposé que nous aboutissions, les formes immortelles une fois découvertes resteront rationnelles en principe et nous apparaîtront toujours abstraites en elles-mêmes, comme l'idée de triangle est toujours abstraite aux yeux du géomètre qui la représente avec ses seules données géométriques. Mais il n'est pas impossible que ces idées gagnent incessamment ; elles peuvent devenir, en outre, fécondes, et grouper autour d'elles une foule d'idées nouvelles, dont l'avénement, refoulant le sensible, semble nous arracher à l'encombrement de ce bas et misérable monde, pour nous installer dans la sereine immensité de l'espace céleste ; enfin, le sens lui-même, désenchanté du dehors et charmé du dedans, peut finir par contracter de nouveaux goûts et prendre pour illusion ou forme tout ce qui ne vient que de lui, pour solide et vrai tout ce qu'il produit de concert avec la raison; et pour lors, vivant exclusivement sous l'empire suprême de l'éternelle raison, nous habiterons dans ses formes unes, simples, absolues, universelles et nécessaires, comme dans une demeure enchantée, singulière et commune, visible et transparente, solide et pénétrable à la fois, d'où l'espace aura semblé disparaître et le temps s'enfuir pour ne se reproduire qu'en dehors ou comme un écho lointain d'événements passés ou de souvenirs imaginaires.

LA
CLASSIFICATION RATIONNELLE
ET LA
PHÉNOMÉNOLOGIE TRANSCENDANTE

1. Les *êtres* se révèlent ou se manifestent par leurs *actes*.

Si leurs actes sont essentiellement transitifs ou momentanés, les effets en apparaissent absolus: et le phénomène alors perçu s'offre sous l'aspect de données sensibles primitives, telles que le *dur*, le *tendre*, le *rude*, le *doux*, le *blanc*, le *noir*, le *sapide*, l'*insipide*, etc.

Si leurs actes sont habituels et continus, ils prennent une forme apparente, et, par le moyen de cette forme, à laquelle les données sensibles, primitives, semblent servir de support pour la faire apparaître *étendue*, *superficielle* et, soit *uniformément*, soit *diversement variable*, ils se prêtent à l'application des trois concepts de l'espace, du mouvement et du temps.

Si leurs actes sont essentiellement immanents et perpétuels, ils n'en sont plus de simples *effets* absolus ni des *formes* accidentelles apparentes, mais la vraie *manifestation intrinsèque*, discernable (quoique non séparable) de l'être quelconque auquel elle se rapporte immédiatement ; et, le réel et l'apparent s'identifiant cette fois absolument sans pour cela se confondre relativement, on peut dire qu'ils consistent, tous deux, dans cette même opposition de l'*être* à l'*apparence*, à la seule condition d'échanger de nom quand ils échangent de rôle, ou *vice versâ*.

2. De même, maintenant que les êtres ont trois manières de se révéler par leurs actes, soit *momentanés*, soit *habituels*, soit *immanents*, ils ont aussi trois manières correspondantes de se percevoir par le *dehors*, ou la *surface*, ou le *dedans*.

Puisqu'ils se manifestent d'abord par leurs

effets externes, il existe pour eux une première manière de se connaître, qui consiste à remonter des *effets* apparents à leurs *causes*.

Mais, d'effets absolus externes, il n'est guère possible de rien déduire de plus que l'*existence* de causes absolues internes, sans la moindre instruction sur leurs vraies *dispositions* relatives ; et, pour se renseigner alors à cet égard, il est indispensable de démêler dans les actes absolus émis les traces d'*ensemble* ou de *suite* qu'on y peut découvrir, car on est toujours censé faire avec conscience et réflexion ce qu'on veut avec ordre et persévérance. Supposons qu'il en soit ainsi : la connaissance de l'intelligence et de la rationalité des causes s'ajoutant à celle de leur simple *existence*, le premier degré de la connaissance s'accroît par là même d'un second, plus large ou plus élevé que le précédent ; et le point de vue s'agrandit ainsi proportionnellement tant au dedans qu'au dehors.

Cependant, bien que l'observation de l'*ensemble* et de la *suite* des actes renseigne sur les *dispositions ordinaires* de leurs causes réelles, elle n'en découvre encore aucunement ni le *prin-*

cipe ni le *but* (c'est-à-dire les *mobiles*) *absolus*, et laisse dès-lors entièrement recouverte ou voilée la face *immanente et générale* des êtres. Pour se renseigner avec certitude sur ce dernier point, le plus essentiel de tous, il ne servirait désormais de rien de revenir sur la brute considération des *actes* ou des *formes*, dont l'inspection immédiate a dû déjà donner tout ce qu'elle pouvait donner; mais on peut bien, en rapprochant et comparant entre eux ces deux modes primitifs de manifestation, arriver à reconnaître, par leur *opposition* et leur *enlèvement* réciproques ou fréquente incompatibilité, qu'ils ne sont, aucun, le *but* ou le *principe* de l'autre ; et pour lors, sachant ou comprenant que, n'ayant point leur raison d'être en eux-mêmes, ils doivent l'avoir au dehors, on est conduit à la poser à part, soit comme commune aux deux, soit comme indépendante de chacun, et par là même comme *substantielle* (ou générale) et *personnelle* (ou singulière). Ainsi, de même qu'il existe trois modes de manifestation, il existe trois ordres de connaissance. Les trois modes de manifestation des êtres étant leurs *effets* externes, leurs *formes* apparentes et leur *fond* permanent, — les trois ordres de connaissance sont constitués par l'intuitive mais progressive aperception de ces trois données hétérogènes.

3. Un être qui, par hypothèse, connaîtrait à la fois *effets, formes* et *fond* de tout, serait omniscient ; et sa science subjective, alors égale à tout le phénomène objectif, répondrait à l'idéal indistinct d'une phénoménologie parfaite. Mais tous les êtres sont loin de posséder cette complète notion les uns des autres ou d'eux-mêmes ; et, d'abord, il y en a qui ne se connaissent entre eux que par leurs *effets* externes ; puis, il y en a qui savent joindre, à cette première connaissance des effets absolus, la connaissance des *habitudes* ou *tendances* qui d'ordinaire ou les précèdent ou les suivent ; enfin, il y en a dont le coup d'œil est assez perçant pour pénétrer toutes choses à fond et sonder infailliblement les cœurs et les reins. Mais, dès-lors que tous les êtres ne savent point également interpréter les phénomènes objectifs, il y a lieu de distinguer dans la science phénoménologique

des degrés, ou bien d'admettre diverses sortes de phénoménologie. D'abord, puisqu'on conçoit des êtres doués d'une perspicacité sans limites, leur science *phénoménologique* est aussi nécessairement sans égale ; et c'est alors à celle-là que nous donnerons le nom de phénoménologie *transcendante*. Quand, ensuite, on vient à considérer les deux degrés de perspicacité moindre propres aux êtres conscients des *formes* ou des *effets* sensibles, on pourrait vouloir aussi les séparer en deux classes ; mais cette distinction, théoriquement acceptable, ne l'est plus pratiquement au moment où, malgré l'incohérence de beaucoup de faits, une multitude d'autres apparaissent évidemment continus ou liés ensemble : tous ces êtres de moindre intelligence peuvent donc être compris dans une seule classe, et nous donnerons alors à leur science imparfaite le nom de phénoménologie *naturelle*. La phénoménologie *naturelle* est donc celle qui se borne à rendre compte des *effets* et des *formes* sensibles ; et la phénoménologie *transcendante* est celle qui rend à la fois raison de tout : *effets*, *formes* et *fond*.

4. Ces deux définitions nous donnent déjà suffisamment à penser que le champ de la phénoménologie *transcendante* doit être, *extensivement*, bien plus large ou plus général que celui de la phénoménologie *naturelle*; mais, s'il est *extensivement* bien plus large, il est aussi, *compréhensivement*, bien plus restreint. Ainsi, nous pouvons dire déjà, sauf à le constater plus tard, que tous les *genres* ou *degrés* d'Êtres de l'ordre supérieur se réduisent à trois, dont les expressions sont : en fait de *genres*, les formules x^3, y^3, z^3 ; et, en fait de *degrés*, les formules x^3, x^2, x^1 (ou bien y^3, y^2., z^3, z^2...). Comprenant tous les chefs de division assignables dans les divers ordres des *formes* apparentes et des *effets* sensibles, ces formules de la phénoménologie transcendante ne permettent en aucune façon, aux divers groupes ordinairement bien plus nombreux de la phénoménologie naturelle, d'avoir tant soit peu l'air de sortir de leur cadre vraiment universel : toutes les formes apparentes, tous les effets sensibles se classent et se graduent donc absolument, au moins en gros, comme les trois Réalités suprêmes.

Néanmoins, les Réalités *formelles* d'ordre moyen ou les Réalités simplement *actuelles* d'ordre inférieur ne pouvant se confondre avec les Réalités absolues d'ordre supérieur, doivent apporter avec elles-mêmes des caractères distinctifs en établissant du premier coup la différence; et ces caractères dérivent alors immédiatement, soit d'un décroissement progressif d'extension, soit d'un accroissement proportionnel de compréhension.

D'abord, tous les termes *formels* d'ordre moyen sont ou seront, ainsi que nous le démontrerons, du *second* degré, comme tous les termes simplement *actuels* d'ordre inférieur sont ou seront du *premier* degré. Donc, déjà, tous ces termes sont affectés d'une limite étrangère aux termes *potentiels* d'ordre supérieur libres d'apparaître ensemble ou successivement sous la *triple* livrée des formules du premier, du second ou du troisième degré : 1^1, 1^2, 1^3.

Puis, capables de divisions ou de sous-divisions indéfinies, ni les termes *formels* d'ordre moyen, ni les termes simplement *actuels* d'ordre inférieur, n'offrent de *genres* proprement dits ;

car ceux dont ils reproduisent l'image sont un emprunt à l'ordre supérieur d'où ils dérivent ; et les autres, qu'on décore parfois de ce nom, ne sont plus que des rubriques de classification analogues à celles d'*embranchements*, d'*ordres*, de *familles*, etc., dont l'abondance des distinctions habituelles apparentes oblige souvent de faire usage.

Mais encore il existe sous ce rapport, entre les termes *formels* d'ordre moyen et les termes simplement *actuels* d'ordre inférieur, une remarquable différence, en ce que la classification indéfinie par *embranchements*, *ordres*, *familles*, etc., ne convient rigoureusement ou de droit qu'aux *formels*, et que l'application aux *actuels* en est tout au plus admissible à titre de fiction. Nous avons déjà dit que tous les termes *formels* d'ordre moyen sont construits sur le type 1^2. Ce type figure, en général, quatre courbes régulières ou symétriques, qui sont le cercle, l'ellipse, la parabole et l'hyperbole. Il n'y a donc plus seulement trois genres (réels), mais quatre genres (formels) d'êtres secondaires. Maintenant, toutes ces courbes impliquent deux facteurs au moins, qui sont l'amplitude rayonnante et la vitesse angulaire ; et, suivant qu'on imagine une *énorme* ou *médiocre* ou *très-petite* différence entre ces couples de facteurs, on a, pour la même courbe, autant de figures subordonnées *spéciales*. Les êtres construits sur ces différents types ne diffèrent donc point entre eux par leurs genres proprement dits, mais seulement par leurs espèces. Leur *genre* commun et constant est le symbole 1^2 ; leurs *espèces* sont toutes les modifications possibles, mais habituelles pourtant, de ce symbole.

Il est possible, actuellement, que tous les termes simplement *actuels* 1^1, survenant après les termes *formels* 1^2, en héritent les modes spéciaux de manifestation, et leur soient, par certaines faces, assimilables ou comparables ; mais, en eux-mêmes, ils ne sauraient avoir le moindre droit à s'attribuer cette forme encore assez complexe d'application. Car, n'existant qu'au premier degré de la puissance, ils ne sont susceptibles que d'exercice linéaire ; et bien qu'alors on soit libre de les concevoir indéfiniment différents d'intensité, de force, de vitesse, il n'en reste pas moins démontré que toute leur différence reste purement quantitative ou numérique. Or, quelle que soit la *quantité* de masse, de volume ou de force d'un être, peut-on dire qu'elle en déborde ou dépasse jamais l'*espèce?* Non sans doute, pas plus qu'aucune espèce ne saurait sortir du *genre* qui la contient. Donc le champ de la phénoménologie transcendante contient en ou sous lui les deux champs de plus en plus restreints de la phénoménologie naturelle, et l'on peut même dire qu'il est en lui-même illimité, puisqu'il n'a point d'autres limites que celle qu'il se donne spontanément dans les *formes* dont il se revêt ou les *effets* sensibles qu'il leur associe.

5. Dans ce qui précède, nous avons pu mettre hors de doute la triple infinité des trois *genres* suprêmes en longueur, largeur et profondeur ; mais démontrer n'est pas montrer, et, voulant arriver à rendre à cet égard l'intelligible sensible, nous allons tâcher de peindre en quelque sorte aux yeux cette triple infinité d'ordre supérieur, en partant de cette vérité : que

toute notion absolue radicale exclut d'elle-même, à l'instar des notions abstraites ou logiques, toute détermination de temps, d'espace et de vitesse ; c'est pourquoi, surtout quand il s'agit de puissance, la puissance visée ne pouvant manquer d'être égale à l'idée qu'on en a, ne comporte point de limites.

Prenons par exemple l'idée de *direction*. De l'aveu de tous les géomètres, cette idée ne comporte point de limites en *longueur ;* et, de l'aveu de tous les physiciens encore, elle n'en comporte pas davantage en *position*, car on ne la conçoit pas changer, quel que soit le nombre des plans parallèles consécutifs dans lesquels on l'envisage. Cependant, il ne faudrait pas se hâter de conclure de là que, ne comportant pas plus de détermination ou d'arrêt en latitude qu'en longitude, cette idée de direction exclut absolument de soi toute notion de *limites*, car elle en implique constamment deux, au moins imaginaires, qui sont celles de *principe* et de *fin*. Que peut être, en effet, l'idée d'une direction infinie, sinon l'idée d'une *direction* dont la *fin*, toujours imminente, ne se fixe jamais, ou dont le *principe*, aussi haut qu'on remonte, ne saurait jamais être atteint?... Une direction quelconque a donc toujours deux extrémités, l'une à son origine, et l'autre à son terme; et toute la différence entre la direction finie et l'infinie consiste en ce que les extrémités de la direction finie sont conçues réelles, quand celles de l'infini restent imaginaires. De même, maintenant qu'une direction infinie, constamment indivisible, existe tout entière partout, elle s'accompagne aussi partout de ses deux extrémités imaginaires, ou des deux idées de points de départ et d'arrivée sans lesquelles on ne la concevrait point. En même temps qu'on a l'idée de direction, on en a donc nécessairement trois, à savoir : les idées de *direction*, de *principe* et de *terme*; et, comme l'une d'elles est déjà reconnue positivement infinie, toutes les trois le sont également.

Il est vrai que toute notion de puissance *infinie* ne semble point d'abord objectivement figurable par défaut de *formes* arrêtées ou de *positions* fixes, et qu'ainsi la pensée de vouloir se représenter l'infini ne semble point pratiquement réalisable ; mais on ne se laissera pas tromper ici par ce faux semblant de raison, si l'on vient à considérer que, à proprement parler, toutes les notions infinies ont leur *forme* et leur *position* propres, mais évitent seulement de les offrir stationnaires ou conditionnées du dehors. Une direction infinie, par exemple, a-t-elle moins ses deux extrémités qu'une direction finie quelconque ? Nullement ; elle évite seulement de les offrir en deux points fixes, parce qu'il lui est loisible de les rencontrer partout, et par là même aussi nulle part. L'infinité marche constamment de pair avec la simplicité. Comment ne pas voir qu'une boule qui roule se pose aussi réellement qu'une boule immobile ? Mais la boule immobile ne se pose qu'une fois pour toutes, et la boule mobile se pose et repose incessamment : l'infinité de *position* n'est donc point un défaut absolu de position. Il est aisé d'appliquer le même genre de considération à la *forme*. Concevons une force dilatable entre deux limites ou surfaces plus ou moins distantes : plus grande sera la distance, moindre sera par là même alors le ressort de la force. Imaginons, au contraire, que les surfaces-limites, essentiellement mobiles, se resserrent jusqu'au contact, pour s'écarter tout à coup indéfiniment encore : le ressort de la force se tend et se détend de même indéfiniment. Donc, toute forme qui disparaît aux yeux n'est point anéantie pour cela, mais seulement imaginarisée, c'est-à-dire transportée sur un nouveau théâtre où la perte *apparente* d'extension se trouve surabondamment compensée par un immédiat déploiement simultané d'intensité *réelle* équivalente.

Du reste, qu'il y ait des forces ou des puissances ainsi faites qu'elles offrent des *directions* virtuelles constamment orientées entre leur *principe* et leur *terme* indépendamment de tout rapport avec les objets du dehors ou l'espace extérieur, nous le savons par une expérience universelle et quotidienne. Ainsi, les Relations morales d'homme à homme, les Relations domestiques de père à fils, etc., ne dépendent en aucune manière ni des lieux, ni des temps, ni même des personnes ; la moralité, le sentiment, comme la raison, s'imposent également à tous les degrés d'altitude, de latitude et de longitude, ou ne tiennent point, comme le disait ironiquement Pascal, au méridien. Mais, alors, elles sont infinies. Donc les trois genres suprêmes de la phénoménologie transcendante sont susceptibles d'une véritable et réelle infinité.

6. Infinis, les trois genres absolus de la phénoménologie transcendante sont certainement indépendants de l'espace extérieur, ou n'ont aucun rapport essentiel avec ses trois dimensions ; mais, quand on veut se les figurer, on ne peut néanmoins se dispenser de se les représenter rectangulairement disposés à leur image, car ils consistent, tous trois, dans des directions ; et, pour pouvoir coexister en tout et partout sans perte de leur distinction ou différence originaire, ces directions doivent être nécessairement conçues comme rectangulaires entre elles.

Voulant passer actuellement, de la considération des genres *infinis* à celle des termes *formels* d'ordre moyen, ou même simplement *actuels* d'ordre inférieur, nous devons naturellement, sans perdre pour cela tout à fait de vue l'idée de *direction*, la rattacher à quelque autre notion qui la limite, et qui même, abstractivement dégagée de cet intermédiaire, exprime indépendamment une fonction toute nouvelle. Cette autre notion qu'il s'agit ici de requérir, est la même que la Relation de *principe* à *terme*, envisagée sans la *direction* qui fait la transition, sourdement obligée mais ostensiblement superflue, de l'un de ces extrêmes à l'autre. Nous avons déjà dit que les deux idées de *principe* et de *terme* s'associent toujours, au moins *imaginairement*, à l'idée de *direction* : nous pouvons donc admettre inversement, et par la même raison, que l'idée de *direction* ne s'associe parfois, elle-même, qu'*imaginairement* aux deux idées de *principe* et de *terme*. Mais les directions, avons-nous dit encore, existent au nombre de trois, à l'instar des trois dimensions de l'espace. Attribuons au genre Sens la première direction dite *longitudinale*, au genre Intellect la seconde direction dite *transversale*, et au genre Esprit la troisième direction *normale au plan des deux autres* : devrons-nous instituer de même trois semblables Relations de *principe* à *terme*, l'une sensible, l'autre intellectuelle et la dernière spirituelle? Certainement ; nous ne saurions nous refuser à cette conséquence. Trois *directions* impliquent trois Relations de *principe* à *terme* : donc ces trois Relations existent. Mais, là, les termes en sont, avons-nous dit, imaginaires, car ils correspondent à ceux de *sujet* et d'*objet*, évidemment identiques dans la même puissance ; et maintenant il nous les faut réels, tandis que la Direction s'imaginarise à son tour. Donc, au lieu de prendre désormais la *direction* dans le sens de l'attention portée, en chaque *genre* personnel, de lui à lui, comme de sujet à objet, nous devons la prendre dans le sens de l'attention portée par chaque genre personnel, de lui-même, comme suje , sur l'un quelconque des deux autres genres, comme objet ; et, dans ce cas, il est bien évident que la direction, sautant d'un genre personnel à l'autre, sera forcément imaginaire, quand les deux genres corrélatifs seront réels.

7. Cela posé, nous pouvons chercher à nous figurer objectivement l'extension respective des termes *formels* d'ordre moyen ou simplement *actuels* d'ordre inférieur.

L'intelligence que nous avons acquise de la véritable infinité des termes *potentiels* nous donnera celle de l'extension, toujours finie sans doute, mais non toujours assignable, des termes *formels* ou simplement *actuels*, hiérarchiquement subordonnés les uns aux autres, des premiers aux derniers. C'est l'infinie mobilité de la limite qui fait, avons-nous dit, l'infinité des êtres ou termes *potentiels*. Avant de supposer, alors, que la limite se pose tout à fait ou ne se meut plus en une manière, comme cela serait si par hypothèse nous avions, dans l'unité de temps, la *station* égale au *déplacement*, ou bien, pour T = 1, V = E, d'où résulterait l'unité de l'idéal et du sensible, — imaginons que le déplacement continue de n'être point égal à la station [1], et l'emporte seulement cette fois sur elle d'une quantité finie quelconque, ou *très-grande, médiocre, très-petite*, comme *cent mille, mille,*

---

[1] La formule E = VT prouve que la vitesse V, *variable* d'ailleurs, ne peut jamais être *moindre* que l'unité d'espace E; proposition importante, car elle démontre la possibilité du mouvement et l'existence des esprits, et détruit *à fond* le matérialisme.

dix, etc. : dans ce cas, le Sens ne pourra jamais se poser égal en nous à l'idée. Car, tandis que l'Intellect pose la limite par exemple à l'origine, la vitesse de l'Esprit soustrait au Sens l'objective aperception de la limite en ce point, en la portant *ailleurs*; et si pour lors l'Intellect entreprend de la poser en cet autre lieu, le Sens ne l'y pourra pas davantage apercevoir, puisque dans le même temps la vitesse de l'Esprit l'en aura soustraite pour la reporter, par exemple, à l'*origine*. Donc, ou la vitesse est égale à l'unité d'espace dans l'unité de temps, ou non. Si cette égalité n'existe pas, l'être ou l'acte est extensivement *indéfini*, puisqu'il n'a point de limites assignables ; si cette égalité règne, l'être ou l'acte est *fini*.

Rien de plus facile, assurément, que d'aller et de venir instantanément entre ∞ et 0, puisque ces limites sont absolues ou se conçoivent d'elles-mêmes ; mais, de passer de zéro à une grandeur déterminée quelconque, comme *cent mille, mille, dix....*, c'est beaucoup plus difficile, puisque ces déterminations sont arbitraires et peuvent être aussi bien réalisées l'une que l'autre. La difficulté du tir n'est point notoirement à manquer le but, mais à l'atteindre juste, sans rester en deçà ni passer au delà ; et cette perfection de l'art existe rarement. Cependant, on conçoit toujours qu'un tel effet soit possible, machinalement surtout ; car un automate, par exemple, ferait, à l'instar d'un pendule, des mouvements rigoureusement isochrones, que l'homme le plus habile ne saurait parfaitement imiter, à moins d'être déjà lui-même réglé mathématiquement en automate. Et pour revenir au cas de tout à l'heure, on ne peut supposer l'Intellect réglé de la même manière qu'en l'admettant parfaitement instruit du *rapport* exact existant entre les deux *différentielles* de la *vitesse* et du *temps*, et déduisant ensuite, de l'intégration du produit de ce *rapport* par la différentielle du *temps*, l'espace fini correspondant à l'unité du temps, c'est-à-dire l'unité d'espace. Mais nous ne voyons pas comment, de cette intégrale abstraite artificiellement obtenue, pourrait jamais sortir une représentation sensible ou concrète de l'espace apparent ; et toujours la représentation de cet espace nous semble devoir être et rester imaginaire. Il y a donc des êtres, tels que ceux chez lesquels la *vitesse* est très-distinctement prépondérante sur la *position*, dont la nature *indéfinie* ne comporte point de prime abord d'estimation rationnelle, et qu'en conséquence on nomme avec raison *esprits* ou *spirituels*, parce qu'ils ne peuvent jamais être exactement saisis ou déterminés, sous leur face objective, du côté sensible, et le deviennent seulement, par artifice de calcul, du côté de l'idéal.

Les êtres *infinis-finis* ou bien *indéfinis*, dont nous venons de parler, sont ceux qui viennent immédiatement après les êtres *potentiels-infinis*, dans les ressorts desquels ils sont toujours compris comme *finis* ; mais, comme *indéfinis*, ils contiennent à leur tour, sous eux, d'autres êtres seulement *finis* de position et de forme, et désignés jusqu'à cette heure par la dénomination de *simplement actuels*. Pour se figurer l'existence ou le devenir de ces derniers, il suffit d'imaginer des êtres ou des actes ainsi faits que, en eux, la face stable soit toujours égale à la face mobile, ou la station au déplacement, de manière qu'on ait, pour $T = 1$, $V = E$. Car alors l'idée donnant V pendant que le Sens donne E, le Sens et l'idée concordent parfaitement ; et, quel que soit le temps réel, on a toujours la même idée du même être sensible, dont ni la *position* ni la *forme* ne souffrent ainsi de changement. Que de tels êtres soient toujours *finis*, c'est évident. On peut aussi comprendre de soi-même qu'ils sont encore tout d'abord positifs ; mais cela ne les empêche point d'apparaître occasionnellement négatifs. Car si l'on a, par exemple, une fois, $E = V = 8$, une autre fois, $E' = V' = 4$, l'on aura par là même $E' (< E) = V - V' = 8 - 4$. Pour les désigner alors tous d'un nom commun, nous les appellerons *rationnels* ; et ces êtres se subordonnent aux *irrationnels* ou spirituels, comme ceux-ci se subordonnent à leur tour aux *potentiels*, imaginaires et réels tout à la fois, mais sous divers aspects alternatifs.

L'inégale *extension* originaire des trois sortes d'êtres différenciés comme respectivement *infinis*, *indéfinis* ou *finis*, est trop étrangère à nos modes habituels de sentir ou de penser, pour que nous ne croyions point devoir, en raison de son importance, la figurer dès ce moment aux yeux, et nous représenterons en conséquence les trois *extensions* de grandeur décroissante par les trois zones concentriques $AA'..$, $BB'..$, $CC'..$, de la *fig.* 1. Mais il ne faut pas oublier que la zone *extérieure* AA' ne représente qu'une portion du ressort des êtres *potentiels*, puisque l'influence de ces êtres pénètre, à travers les zones *moyenne* et *centrale*, jusqu'en O. De même, sans jamais remonter dans la zone extérieure, l'action des êtres *formels*, dont le premier siège est dans la bande annulaire BB', descend dans la bande centrale CC', où leurs rôles se compliquent avec ceux des êtres, soit *potentiels*, soit simplement *actuels*. Et quand les êtres simplement *actuels* trouvent moyen de s'exercer à leur tour, ils entremêlent bien encore leurs propres rôles avec ceux des êtres *potentiels* ou *formels*, mais de prime abord la portée n'en dépasse point les limites de la région centrale CO.

8. Si nous disons maintenant que parfois l'Homme terrestre, *sensiblement* confiné dans la région centrale CO, ne laisse point d'en sortir et d'aller voyager par l'*Intellect* ou par l'*Esprit* dans les régions supérieures BB' et AA', la plu-

part des gens instruits et même savants se moqueront de nous et nous traiteront de rêveur ou de visionnaire. Cependant, les Saints Livres nous ont déjà formellement devancé sur ce point, et l'on y peut lire en toutes lettres que d'illustres et saints personnages ont porté leurs pas dans les régions éthérées. Ainsi, l'Évangile nous raconte que Jésus-Christ fut, en esprit, transporté tantôt sur le pinacle du temple, tantôt sur une très-haute montagne, d'où il put voir tous les royaumes, non (qu'on le remarque bien) de la terre, mais du Monde [1] ! Et saint Paul nous assure également que, sinon en corps, au moins en esprit, il a franchi lui-même les bornes de la zone inférieure CC', non moins que celles de la zone moyenne BB', et s'est trouvé, dans son ravissement en la zone supérieure AA', au milieu des splendeurs du paradis ou du troisième ciel. Comment ne pas admettre alors que parfois aussi, peut-être, des génies de premier ordre, tels que les Descartes ou les Newton, ont, intellectuellement et sans se dépouiller pour cela de leur corps

---

[1] Matth. IV, 8. *Omnia regna Mundi.*

mortel, abordé par l'esprit les régions moyennes des puissances angéliques? Tout étrange qu'elle est, cette idée n'est plus une chimère, si, comme nous l'avons établi, l'être est susceptible d'*extension* réelle, variable depuis zéro jusqu'à l'infini. Mais nous n'avons expliqué jusqu'à cette heure que la rationnelle subsistance de l'être sous les trois modes décroissants d'extension *infinie*, *indéfinie* et *finie*; et nous n'avons point discuté la thèse inverse du retour ascensionnel de l'être par les mêmes degrés. Il nous reste donc à traiter la question sous ce nouvel aspect; et c'est ce que nous ferons, en reprenant de bas en haut l'étude des termes simplement *actuels*, *formels* ou *potentiels*, et démontrant, par la nature approfondie des êtres corrélatifs, que, en eux, la variabilité croît justement en raison même de leurs limites.

9. Les *Natures* se définissent par leurs *dimensions* ou leurs *mouvements*, qui sont bien tous les caractères spécifiques des *Actes absolus*. De leur côté, les dimensions sont, ou du premier, ou du second, ou du troisième degré; les mou-

vements, divisibles de même en trois ordres ou reproduisant la même échelle de degrés, sont, au plus bas degré l'hyperbolique, au degré moyen le parabolique et l'elliptique, au degré supérieur le circulaire.

Les êtres simplement *actuels* ou bien encore *rationnels* (§ VII), les moins extensifs de tous par hypothèse, doivent être naturellement regardés comme des êtres incapables de s'élever par eux-mêmes au-dessus de la première dimension et du mouvement hyperbolique. Inversement, des êtres d'une seule dimension et d'évolution exclusivement hyperbolique ne doivent clairement pouvoir être classés que parmi les êtres simplement *actuels* ou *rationnels*. Ici, donc, nous pouvons aller indifféremment de la définition de nom à la définition de chose, ou de la définition de chose à la définition de nom; et l'objet de notre examen est ainsi parfaitement délimité.

Pour aller droit au but, qu'on veuille bien encore nous permettre une autre observation préalable propre à beaucoup abréger notre travail. Il n'y a, suivant nous, d'autres êtres *réels* que les êtres à la fois *sujet-objet*, ou doués de conscience propre. Ainsi, les êtres de la Nature, tels qu'animaux, arbres, cristaux, ne sont pas réels, dans toute la force du mot. Au contraire, les Hommes sont des êtres parfaitement réels, puisqu'ils sont, chacun, sujet-objet, ou conscients d'eux-mêmes. Les hommes peuvent donc être, quoique simplement *actuels*, — *rationnels* et *positifs*, et par là même encore, comme tous les êtres de ce genre, *finis*. Et d'ailleurs il en est bien toujours ainsi, puisqu'ils sont primitivement réduits à se manifester sous la livrée de la première dimension et par manière de développement hyperbolique.

D'abord, l'homme est doué du seul premier degré de la puissance. Car, sans prétendre nier qu'il ne se prête indirectement à d'autres manières de voir, — toutes les fois au moins qu'il intervient directement et personnellement, il n'emploie que la forme d'exercice du premier degré, la *linéaire*. Considérons-le, en effet, comme être sensible, intelligent, spirituel : il n'accuse jamais, en chacun de ces états spéciaux, qu'une seule direction. S'il marche, par exemple, il ne va pas par plusieurs chemins, mais par un seul. S'il opine, il fait de même, ou n'émet qu'une opinion personnelle. S'il veut enfin, sa personnalité ressort encore davantage ; car, s'imposant comme unique ou singulière, elle réduit forcément sa puissance de vouloir à l'unité. L'homme ne jouit donc bien certainement en premier lieu que du premier degré de la puissance.

Puis, l'homme est originairement ouvert au seul mouvement hyperbolique. Nous avons là-dessus le témoignage formel des savants les plus compétents, tels que les Herbart, Drobisch, Weber, Fechner, etc. ; car, soumettant au calcul les mouvements implicites de nos sensations ou représentations externes ou internes, ils les ont toujours trouvés hyperboliquement calculables, et non autrement. Mais nous pouvons aisément le constater encore par nous-mêmes. Examinons bien la nature de nos premiers mouvements, de nos sensations, de nos actes en tout genre : nous reconnaîtrons bientôt, et d'inspection, que, tout de feu dans le premier élan, nous nous ralentissons très-promptement, nous allons à peine au bout de quelque temps, et finissons par avoir besoin d'être tout à fait remontés comme une horloge. La primitive manière d'aller de l'homme est donc exclusivement le mouvement hyperbolique.

L'homme, originairement doué de la seule première dimension et du seul mouvement hyperbolique, est un être *rationnel* ou *positif*, figurable, en sa plénitude ou totalité, par l'intégrale finie Σ (équivalente à x, y, z, séparément employés à le représenter en son triple exercice sensible, intellectuel ou spirituel). Si nous voulions passer alors à la différentielle de cette intégrale, nous n'aurions besoin que d'en évoquer le dernier reste après un laps infini de temps. Mais un temps infini n'est jamais réalisable. Donc jamais l'être figuré par l'intégrale Σ, hyperboliquement développable, ne peut devenir infiniment petit. Donc il est toujours fini, et, comme tel, figurable par le seul diminutif toujours fini de la même intégrale, σ.

Nos assertions concernant les êtres simplement *actuels* d'ordre inférieur sont donc pleinement justifiées en fait et en droit.

10. L'homme constitué comme il vient d'être dit, est l'homme *individuel*, et par conséquent l'homme *naturel*, l'homme *sauvage*, non l'homme *social*, qui grâce à l'éducation reçue s'élève au-dessus de sa première condition. Mais la preuve évidente que, en lui, ce perfectionnement est bien tout d'abord purement *accidentel*, se trouve dans sa perpétuelle tendance à retomber dans son premier état. Admettons cependant que l'ascendant des relations sociales ou des idées nouvelles a pu se développer assez chez l'homme pour paralyser à peu près complétement en lui l'instinct animal; dès-lors, sa nature améliorée n'est plus la nature humaine primitive, mais la nature humaine régénérée d'en haut et devenue conforme à celle des êtres *formels* d'ordre moyen, ou des anges. Ainsi, nous sommes conduit à définir ou décrire maintenant ce nouveau genre d'existence comme nous venons de définir ou de décrire l'ancien, afin de pouvoir ensuite faire la comparaison des deux et d'arriver, par la connaissance de leurs rapports mutuels, à mieux juger des conséquences ou des applications de l'un et de l'autre.

Bien des gens, croyant connaître l'*homme* parce qu'il est bien déterminé de forme et de position, ou *fini*, ne le connaissent pas mieux au fond pour cela ; mais ils croient le connaître, et cela leur suffit! Dès que, au contraire, il est question d'êtres *indéfinis* de forme et de position, comme les *anges*, ne pouvant en rattacher la notion à rien, on croit presque rêver, et l'on en nie souvent sans difficulté l'existence. Les plus grands crédules sont ces incrédules. Tous les Êtres réels sont des *Absolus relatifs*. Comme *absolus*, ils sont simples; mais, comme *relatifs*, ils sont extensifs et par là même divisibles à l'infini, de la même manière que l'unité, d'où l'on peut tirer $\frac{1}{2}, \frac{1}{4}, \frac{1}{8}$... indéfiniment ; c'est pourquoi l'on peut dire qu'il y a l'infini dans l'un. La véritable définition de l'*homme* est, avons-nous dit, dans la connaissance de sa nature en fonction par dimension et mouvement. La véritable définition de l'ange s'obtient de la même manière ; et, l'envisageant ainsi, nous trouvons qu'il se différencie très-bien sous ce rapport, comme ayant d'abord deux dimensions, et comportant ensuite deux mouvements.

D'abord, au lieu d'avoir — comme l'homme primitif — une seule dimension, les êtres d'ordre angélique ou moyen ont deux dimensions à la fois, comme bi-personnels en fonction. En effet, prenons ici pour exemples les relations sociales de *père* à *fils*, d'*époux* à *épouse*, etc. Un même homme est fils de son père et père de son fils ; il remplit alors à la fois deux fonctions ; ces deux fonctions, quoique parfaitement distinctes, ne s'empêchent aucunement : donc elles sont comme rectangulaires. Pareillement, un époux est principe, comme se donnant à lui-même, en qualité de sujet, une épouse ; il est terme, comme objet d'un pareil choix du côté de l'épouse ; et ces deux rôles de principe et de terme, quoique parfaitement distincts, ne s'empêchent encore aucunement : donc ils sont, de nouveau, rectangulaires. Mais ces deux rôles opposés, que nous venons de dire respectivement rectangulaires en chaque cas, coexistent bien dans une seule personnalité commune aux deux ; et, coexistant, s'identifiant même en elle, ils en exaltent ou redoublent incontestablement la puissance, en la soutenant quand elle pourrait défaillir, ou la contenant quand elle pourrait se dissiper. Donc, en même temps qu'ils constituent, d'une part ou pour le dehors, une *somme*, ils constituent, d'autre part ou pour le dedans, un *produit*, et font ainsi, de l'unique absolue personnalité présente, une puissance de second degré, *formellement* réelle au moins.

Puis, les êtres d'ordre angélique ou moyen comportent en eux-mêmes deux mouvements spéciaux, l'*elliptique* et le *parabolique*. En effet, ou les deux forces correspondantes aux deux dimensions admises se maintiennent entières, ou bien elles varient ensemble indéfiniment, mais sans pour cela se dissocier encore, et par conséquent en se conservant dans leur rapport primitif. Supposons d'abord qu'elles restent intactes : il n'en sera pas moins vrai de dire que, dans tous les cas possibles hors un, elles ne sont jamais parfaitement égales. Or, toutes les fois que les deux composantes d'un mouvement ne sont point rigoureusement égales, le mouvement présupposé révolutif est au moins elliptique. Supposons ensuite qu'elles décroissent ensemble uniformément : elles resteront néanmoins toujours finies, et se correspondront sans cesse dans leurs diminutifs, comme à l'origine, puisque tous les mouvements actuels admis subissent la même loi de décroissement. Or, dans ce cas, le mouvement restant révolutif devient nécessairement, par manque perpétuel de restauration, parabolique. Donc, en même temps que les êtres d'ordre angélique ou moyen acquièrent deux dimensions, ils comportent deux mouvements spéciaux, qui sont l'elliptique et le parabolique.

Nous ne croyons pas qu'on puisse opposer la moindre objection sérieuse à cette interprétation de l'intrinsèque constitution des êtres angéliques ; mais tout ce que nous en avons dit est déduit d'exemples empruntés à la nature humaine *dédoublée* ou *redoublée*, et nullement de la région même des êtres angéliques, qu'on suppose résider, non en l'homme, mais dans l'espace extérieur ; et, dès-lors, on peut bien juger notre explication insuffisante. Pour la compléter, nous considérerons séparément la nature angélique dans l'homme et dans l'espace. Dans l'homme, elle est un premier couple de puissances tel que *ET* et *TE*, c'est-à-dire sens et intellect, intellect et sens. Dans l'espace, elle est un second couple de puissances tel que *VT* et *TV*, c'est-à-dire Esprit et Intellect, Intellect et Esprit. Et cette distinction n'est point, comme on va voir, inutile. Dans l'homme, en effet, les deux individualités spécialisées ou transformées par élévation de degré font bien, toutes les deux, double fonction ; mais, en elles, l'attraction et la répulsion, alternant en même temps qu'elles concourent, ne font qu'osciller en imitant les mouvements d'un pendule ; l'influence directe ou positive de la nature s'y fait donc sentir encore. Au contraire, dans l'espace ou chez l'ange proprement dit, cette manière directe ou positive d'agir par allées et venues actuelles n'existe point réellement, car on l'y conçoit tout au plus admissible comme force accélératrice *initiale*, infiniment petite ou rudimentaire, à titre, non d'effet, mais de simple *tendance* : il n'y a donc plus ici d'attraction réelle, mais seulement attentat d'attraction ; et si l'attraction n'est point réelle, la répulsion, toujours postérieure à l'attraction, doit l'être encore moins. Mais, en admettant alors qu'il existe au moins un *commencement* d'attraction à distance d'un centre donné quelconque, rien n'empêche d'admettre qu'il existe concurremment une autre *tendance* égale ou inégale, rectangulaire à la précédente, et commandant le mouvement dans sa propre direction, comme si la première direction n'existait pas. Alors les deux tendances, concourant mais n'alternant plus, ne doivent plus évidemment engendrer de mouvement *oscillatoire*, mais elles doivent engendrer un mouvement *révolutif* autour d'un centre quelconque, qui peut être imaginaire ou réel. Au lieu donc que l'union binaire humaine est une union oscillante et discontinue, l'union binaire angélique est une union incessante et perpétuelle ; ou mieux encore, l'humaine implicitement constante apparaît explicitement variable ; l'angélique explicitement constante comporte un simple attentat implicite à la variation.

11. Ces principes sur les deux sortes d'existences binaires une fois établis, il s'agit d'en tirer

les conséquences nécessaires et d'en faire les applications convenables.

Les conséquences qui s'ensuivent naturellement sont : immédiates et contraires, prochaines et conformes, ou dernières et communes.

D'abord, les conséquences *immédiates* en sont *contraires*, parce que les deux espèces d'existences binaires, absolument envisagées, impliquent une véritable opposition. D'inspection, on voit que les termes ET, TE de l'une, et les termes VT, TV de l'autre, contiennent un facteur respectivement hétérogène ; et cette circonstance s'aggrave, en outre, d'un élément secret tout différent.

Par exemple, la puissance imaginaire ou générale, implicite ou sous-entendue dans le couple *humain*, est l'*Esprit*[1] : et les deux puissances *intellectuelle* et *sensible*, y jouant explicitement les deux rôles opposés de principe et de terme,

---

[1] Cette désignation ne doit pas être prise à la lettre. Le *genre* humain est bien le Sens; mais c'est le Sens relatif, faisant fonction de *fin* ou d'Esprit : donc il est Esprit. Au contraire, chez l'ange, le *genre* est le Sens absolu, faisant fonction de *principe* : donc il est le Sens proprement dit, ou général et primitif.

y sont, par suite de l'apparente suppression de l'Esprit, tellement rapprochées, qu'elles empiètent tour à tour l'une sur l'autre, et peuvent arriver jusqu'à perdre tout à fait, dans cet acte d'intime pénétration, le sentiment ou la perception de l'espace, pour ne se différencier que par le temps. En tout cas, si la notion de distance ou d'espace reste, elle est au moins entièrement dominée par l'idée de temps.

C'est l'inverse chez l'ange. Dans le couple *angélique*, la puissance imaginaire ou générale ou latente est le *Sens*; et les deux puissances *intellectuelle* et *spirituelle*, y concourant sans discontinuité (nous ne disons pas : *sont*, mais) *apparaissent* tellement allongées en leur double direction rectangulaire, que, saturées en quelque sorte d'extension, elles en peuvent perdre à leur tour tout à fait de vue le sentiment ou la conscience du temps. Du moins, le temps ne provoque plus régulièrement leur attention, qui se concentre toujours en la perception de leur propre grandeur ou de leurs aires célestes.

Cet oubli, soit absolu, soit relatif de l'Espace et du Temps par l'Homme ou l'Ange, ne provient point de ce que, par exemple, l'Espace cesserait en quelque sorte d'exister, ou le Temps de couler pour l'un ou l'autre, mais seulement de ce que, constamment, on ne fait point de cas ou ne s'occupe point de ce qui n'est qu'imaginaire. Quand, par exemple, l'époux introduit dans sa maison l'épouse de son choix, songe-t-il par hasard qu'elle lui vient de l'infini, comme elle en vient réellement ; et l'épouse elle-même se montre-t-elle, de son côté, plus réfléchie ? Pas le moins du monde : les conjoints se regardent comme originaires du dernier lieu qu'ils quittent au moment de s'unir, tandis qu'ils n'ont fait que le traverser après une infinité d'autres. Considérons ici, par exemple, les deux rayons AO et $A'O$, concourant dans la région centrale humaine O (*fig*. 1). Sans l'avoir cherché ni prévu, nous avons là sous la main la question la plus abstruse peut-être de toute la philosophie : *l'existence des êtres rapportés à leur origine*; mais, actuellement, nous pouvons la résoudre sans peine. Tous les êtres sont assimilables à des directions. Ils existent sous la triple forme cubique, quadratique ou linéaire. Le cube est le type de l'infini par sa plénitude. Le carré, d'abord infini comme plan, n'est qu'un infiniment petit en épaisseur, et devient par là même type d'infini rudimentaire ou d'indéfini. La simple ligne, enfin, peut bien être infinie en longueur, mais elle n'est jamais infinie de fait, et d'ailleurs elle est toujours un infiniment petit en largeur et épaisseur. Donc l'*infini* comprend d'abord dans son giron tous les *indéfinis* possibles, et puis toute ligne simple ou *finie* fait également partie d'un *indéfini* quelconque ; d'où il résulte évidemment que l'être *humain*, essentiellement linéaire en principe, préexiste dans un être *angélique*, comme l'être angélique préexiste à son tour dans l'être infini *divin*. Ainsi, quand les lignes AO et $A'O$ coïncident en O, elles ont déjà traversé toute la région moyenne BB', et sont sorties du sein de la région illimitée périphérique AA'. Qu'est-ce qui peut alors nous empêcher d'identifier hypothétiquement, par exemple, à la planète Mars la portion angélique $B'C'$ du rayon $A'O$, plus tard réduit à $C'O$, et à la planète Vénus la portion angélique BC du rayon AO, plus tard réduit au seul fragment CO ? Tout couple humain implique donc à son devant un couple corrélatif angélique.

Les conséquences de nos principes, tout à l'heure indiquées, méritaient d'être exposées les premières, comme *contraires,* parce que toujours la contrariété frappe plus ou plus tôt que la ressemblance. Disons maintenant les *conformes*, et par là même *prochaines*. Ces nouvelles conséquences se tirent de ce que, d'une part, les deux composantes d'un couple humain sont deux données respectivement intensives ou deux *forces*, et de ce que, d'autre part, les deux composantes d'un couple angélique sont deux données respectivement extensives ou deux *longueurs* (§ 10). Or on sait que deux *forces* en relation et conflit, tout en se multipliant *dynamiquement*, se limitent *statiquement*, et — sous ce dernier aspect — se posent tôt ou tard en équilibre en un point alors central, connu sous le nom de *centre de force* ou *de gravité*. L'on sait, de même, que deux *longueurs* composées ou concourantes s'équilibrent — imaginairement au moins, — en constituant à leur point de rencontre un *centre de forme* ou *de figure*. D'ailleurs, bien que les deux idées de *centre de figure* et de *centre de gravité* ne soient point encore identiques, elles sont au moins *conformes* par l'idée commune de centralité. Donc ces deux idées sont bien les deux conséquences *prochaines* ou médiates de nos principes sur la constitution des unions binaires.

Enfin, après les conséquences *prochaines*, viennent les conséquences dites *dernières*, comme n'en comportant plus d'autres à leur suite ; et la raison en est qu'elles impliquent l'identité complète des deux termes corrélatifs, d'où résulte l'entière impossibilité d'aller plus loin. Ainsi que nous l'avons déjà dit, les deux composantes d'un couple humain impliquent un seul *genre* commun, l'*Esprit ;* et les deux composantes d'un couple angélique impliquent encore un seul *genre* commun, le *Sens.* Ces deux genres, qui subsistent là comme *imaginaires* sous le couvert des deux différences spécifiques superposées, ne laissent point d'être, en eux-mêmes, *réels ;* mais, de plus, ils sont bien le fond commun ou substantiel des deux composantes inverses. Donc ces composantes sont *foncièrement* identiques. La reconnaissance de cette identité nous donne l'idée de *centre définitif* tant dans le temps que dans l'espace absolus ; car le Sens et l'Esprit peuvent se résumer, eux-mêmes, sous la commune et souveraine direction d'*une seule* puissance absolue : l'Intellect ou la Raison divine.

12. Pour faire maintenant l'application des conséquences de nos principes au monde extérieur apparent, nous n'avons qu'à remarquer l'indispensable corrélation qui doit exister entre l'externe et l'interne, ou l'apparent et le réel. Il y a certainement une énorme différence entre la manière d'être des réalités subjectives et des phénomènes objectifs ; mais, quelle que soit cette différence, il suffit d'avoir une fois la clef de ces oppositions, inversions, contrastes ou contrariétés, pour être en état de passer ensuite, sans embarras, d'un monde à l'autre. Ainsi, bien qu'on voie renversées dans l'eau les images des objets placés sur le rivage, on a bientôt redressé ces images ou replacé par la pensée ces objets dans leur situation ordinaire, au moment où l'on sait bien que tout ce qu'on aperçoit au-dessus du niveau

de l'eau doit être pensé droit, et tout ce qu'on aperçoit au-dessous, renversé. D'ailleurs, on conçoit parfaitement que les images du monde extérieur, sans s'engendrer réellement les unes les autres, impliquent, visiblement ou non, dans l'ordre de leurs apparitions, le même ordre de génération que les êtres réels dont elles sont la représentation objective. Nous n'avons donc point ici de nouveaux principes à fonder ni de nouvelles conséquences à tirer ; mais les principes ou les conséquences qui rendent raison des êtres ou des actes réels suffisent encore à rendre raison des êtres ou des actes simplement apparents.

Évidemment, rien de ce qui n'est qu'apparent n'agit réellement. Tous les véritables êtres et tous les actes réels sont donc directement inobservables ou latents ; et le monde subjectif ou réel est caché sous le phénomène objectif comme sous un voile. Les êtres extérieurs, sensiblement perçus et représentés, ne nous montrent ainsi les vrais agents qu'à l'état de non-agents ou de passivités ; ces vrais agents ne sont point absolument inconnus pour cela, mais ils sont abstraits, virtuels, métaphysiques. Tandis que nous voyons les êtres apparents aller et venir, s'unir et se séparer, s'animer ou mourir, etc., nous pouvons conclure de ces faits sensibles ou visibles à d'autres faits analogues invisibles et substantiels; mais nous ne devons point, comme on le fait communément, nous imaginer de pouvoir renfermer rationnellement sous les mêmes formes *spatiales* ou *temporelles*, que nous apercevons au dehors, leurs causes subjectives réelles ; car jamais les causes les plus puissantes ne feront passer dans leurs actes, ni ne communiqueront par conséquent au phénomène objectif, l'extension dont elles sont intrinsèquement douées. Au contraire, plus une cause réelle a subjectivement d'extension ou de puissance, moins elle est objectivement figurable. Ainsi, la puissance infinie, la plus grande de toutes, ne peut se percevoir objectivement en aucune manière. La puissance angélique indéfinie commence bien à se traduire au dehors par ses *formes* grandioses et variables; mais l'impossibilité d'en arrêter les contours ou les limites absolues oppose un obstacle insurmontable à l'achèvement de ces figures naissantes échappant par leur atmosphère gazeuse ou vaporeuse à toute détermination rationnelle. La puissance humaine seule se prête, par une certaine face, à la mesure du Sens externe ou de la représentation objective ; mais nous avons appris que l'homme naturel est un être *fini*, le moindre de tous les êtres réels. Nous n'avons donc pas eu tort d'affirmer que, plus un être est subjectivement doué de puissance ou d'extension, moins il est objectivement apparent ou figurable.

Puisque nous sommes maintenant bien assurés de l'impossibilité de renfermer sous leurs formes objectives apparentes toutes les causes sous-tendantes réelles, force nous est évidemment de les séparer au moins fictivement, et par là même (en un certain sens) réellement. Car la *connexion*, de fait communément admise entre les apparences et les substances, est bien fictive aussi, d'après ce qui précède ; bien plus, elle est fausse ou n'existe point. Donc, si nous lui substituons l'idée contraire de *séparation*, notre représentation des choses restera bien imaginaire ou fictive en soi ; mais, au moins, elle en retracera l'ordre réel, et, sous ce rapport, elle en partagera la réalité. Brisons donc sans retour entre le phénomène et la réalité ; faisons du *phénomène* un *monde flottant*, en guise d'atmosphère vaine ou vide, mais très-diversifiée par ses formes mobiles et variables, sur un *fond sous-jacent* ; et voyons en outre, dans la *réalité*, ce *fond sous-jacent*, aussi diversifié que le précédent par ses actes habituels ou momentanés : la *ligne de démarcation* entre ces deux mondes correspondra pour lors parfaitement au *cercle trigonométrique* auquel aboutissent, soit, d'une part (ou du centre à la périphérie), le sinus, le cosinus et le rayon, soit, d'autre part (ou de la périphérie vers le vide infini), la tangente et la cotangente. Cela posé, nous pouvons dire que nous avons fait un grand pas, un pas de géant vers la claire et saine représentation de l'univers entier ; et voici pourquoi : Rien n'entrave plus l'esprit ou n'obscurcit plus l'intelligence que le pêle-mêle des apparences et des réalités, car ces deux choses sont entre elles comme le faux et le vrai. Le mélange du faux et du vrai, c'est l'incertain ; le mélange de l'apparent et du réel, c'est l'illusoire. Mais, quand on pose un pied solide sur le réel, on peut ensuite envisager en pleine assurance ou sans danger d'hallucination, l'apparent.

Rapportons au Cercle trigonométrique les trois sortes d'Activités *divine*, *angélique* et *humaine*. Partant alors de ce principe que tout être a son centre où il se pose, nous comprenons aisément que la position *centrale* en est : pour la *divine*, au centre même du cercle; pour l'*angélique*, sur la circonférence du cercle principe ou terme du Cosinus et du Sinus ; et pour l'*humaine*, hors du cercle au bout de leur commune résultante. Mais, pour l'Activité divine *infinie*, la distance entre ces trois centralités s'imaginarise ou n'existe pas. Nous ne saurions attribuer le même privilége aux deux autres Activités : cependant, comme l'*angélique* jouit encore d'une sorte d'infinité par rapport à l'*humaine*, qu'elle encadre dans sa sphère de puissance à peu près de la même manière que l'orbite terrestre encadre l'orbite lunaire, elle n'a pas de peine à rapporter à son centre le centre humain. Au contraire, l'*humaine*, rejetée tout d'abord en dehors du système, a naturellement de la peine à s'y rattacher ; mais, tandis qu'elle apparaît décrire dans le temps une trajectoire réputée *droite*, elle a lieu de reconnaître que la trajectoire angélique la coupe *oscillatoirement* en plusieurs points consécutifs. Un mode commun ou moyen de représentation finit donc par s'établir entre les trois sortes d'activités concourantes, et ce mode moyen de représentation leur sert de ligne de démarcation commune.

13. Que le lecteur veuille bien ne pas se méprendre ici sur notre pensée! La ligne circulaire que nous venons d'imaginer entre le *réel* et l'*apparent*, pour en faire comme deux mondes à part, n'est pas une ligne réelle, mais une idée méthodique, un principe. Il y a lieu, par conséquent, de l'appliquer partout où nous trouverons à distinguer entre *être* et *phénomène* ; et, comme tous les êtres de la nature se classent par *embranchements, ordres, familles*, etc., les phénomènes s'accommodant à la même nomenclature, il s'ensuivra que nous aurons comme une nomenclature de *lignes de démarcation* entre apparences et réalités. Supposons, pour mieux fixer les idées, qu'il s'agisse de la simple distinction entre un être réel quelconque et son image objective ;

sa face *réelle* étant représentée par $+\frac{1}{2}$ et sa face *apparente* par N, $\frac{1}{2}$: N représentera la ligne de démarcation intermédiaire ; la Réalité croissant ou décroissant avec l'arc, l'apparence croîtra ou décroîtra proportionnellement, et la *ligne de démarcation* ne variera point. Revenons maintenant à la comparaison de cette ligne de démarcation avec le cercle trigonométrique. Tandis que, ici, les lignes intra-circulaires sont généralement censées très-petites, comme comprises entre 0 et 1, les lignes extra-circulaires sont au contraire conçues très-grandes, immenses même, comme comprises entre 0 et ∞. Nous pouvons alors très-bien regarder les lignes intra-circulaires, figures de *réels*, comme représentant des *intensités*, et les lignes extra-circulaires, figures d'*apparences*, comme représentant des *extensions*, en nous réservant de ramener les intensités à des *forces réelles* et les extensions à des *formes vides* ; et les lignes de démarcation seront alors comme les rapports successifs $\frac{\infty}{\infty} = \frac{A}{A} = \frac{a}{a}$, etc.

Si nous sommes entré dans les détails qu'on vient de lire, c'était en vue de pouvoir formuler intelligiblement la loi générale suivante : Plus un être a ses racines profondes dans les trois mondes réels *humain*, *angélique* et *divin*, plus il est censé placé loin ou haut dans le monde apparent extérieur. Déjà cette assertion est justifiée par la seule inversion qu'on sait régner entre l'extension et l'intensité. Qu'une extension soit, par hypothèse, égale à $\frac{\infty}{1}$: l'intensité correspondante sera figurable et figurée par l'expression réciproque $\frac{1}{\infty}$, et ainsi de suite. Revenant sur l'exemple des images renversées apparentes au sein des eaux, on trouvera de même que les arbres dont la cime s'élève le plus haut dans les airs sont ceux dont la tête plonge plus bas en sens contraire. La loi générale précédente n'est donc pas contestable. Elle correspond au principe de *contrariété* du § 11.

Sous cette première loi *générale* nous pouvons placer maintenant, en la déterminant au moyen des deux idées de *force* et de *longueur*, deux lois *spéciales*, plus restreintes sans doute, mais non moins absolues, et que nous formulerons ainsi : Autant un être semble grand ou gros de près, autant il apparaît petit de loin ; — autant un être est fort ou puissant de près, autant il est faible de loin. Dans la première de ces lois, *psychologiquement* fort peu comprises, l'idée de longueur distincte se combine avec l'idée d'extension en surface, pour produire avec elle le contraste signalé par la formule ; et, dans la seconde, le contraste analogue résulte de la combinaison de la même idée de longueur avec l'idée de force vive, qu'on sait être du second degré, comme les surfaces. L'expérience parle trop ouvertement en faveur de ces deux lois pour qu'il soit utile ici d'en indiquer les preuves physiques ou mécaniques. Ces lois nous semblent faire le pendant des deux centralités indiquées au § 11.

Mais en outre, dans ce même § 11, nous avons reconnu la possibilité de combiner ensemble ces deux centralités relatives, pour arriver, par la superposition des deux centres de force et de figure, à constituer une centralité complète et définitive. Procédons ici de la même manière ;

commençons par remplacer, dans les deux relations *spéciales* déjà trouvées, le signe d'identité logique *est* par le signe d'égalité mathématique $=$, et traitant ensuite les deux membres des deux égalités obtenues comme on traite en algèbre ceux de deux équations semblables qu'on veut comparer ensemble : nous aurons une équation unique résultante, de la forme $\frac{A}{B} = \frac{A'}{B'}$. La loi particulière, et néanmoins universelle, exprimée par cette formule, peut s'énoncer ainsi : Toutes apparences et toutes réalités corrélatives, combinées, donnent, moyennant exacte et constante compensation des coefficients d'extension et d'intensité, des résultats parfaitement identiques.

14. Les trois lois que nous venons de formuler, jointes à la certitude de l'existence distincte et *personnelle* des trois Puissances ou Subjectivités : Esprit, Intellect et Sens, nous permettent de résoudre ici catégoriquement une question de premier ordre, celle de la *pluralité des mondes*, ou mieux, de l'existence problématique d'hommes en plusieurs astres ou corps célestes.

Chez l'homme, d'après la notion absolue que nous en avons acquise, il y a, sous un même *genre* éloigné, deux puissances *spéciales* activement ou passivement combinées ensemble : ces deux puissances spéciales sont le Sens E et l'Intellect T ; le genre commun est l'Esprit V.

Chez l'ange, au même point de vue rigoureusement philosophique, il y a de même, sous un seul *genre* commun, deux puissances *spéciales* activement ou passivement combinées : et les deux puissances relatives sont l'Esprit V, l'Intellect T ; le genre commun est le Sens E.

Il peut n'être pas inutile d'annoter incidemment ici que, chez l'homme normal ou *perfectionné*, la puissance active est l'Intellect, et la passive le Sens; tandis que, chez l'ange primitif, l'Intellect est la puissance passive, et l'Esprit l'active. Mais, présentement, la chose la plus digne d'attention est la puissance faisant fonction de *genre*, car c'est elle qui donne le ton ou leur caractère aux deux autres, et qui, parce qu'elle est *double,* en parque les deux groupes en *deux règnes absolus.*

Arrêtons en effet notre pensée, par exemple,

sur l'homme. Tous les hommes ont la même nature ; cette nature est le genre humain ; le genre humain (absolu) est l'Esprit : donc c'est l'Esprit qui fait l'unité du genre humain[1]. S'agit-il ensuite de porter la distinction dans cette unité : c'est l'affaire des deux puissances spéciales, respectivement l'une masculine et l'autre féminine. Raisonnant de même sur l'ange, on trouverait que, en lui, le Sens fait l'unité du genre (absolu), diversifié plus tard par l'intervention active (exécutive) de l'Esprit et passive (directrice) de l'Intellect.

Pour être maintenant en droit, — malgré cette préalable *diversité* des *genres* angélique et humain, et par conséquent malgré l'*unité séparée* des deux espèces d'êtres, — de porter l'homme ou le genre humain dans les planètes ou les étoiles (entre lesquelles et la terre il n'existe point d'ailleurs le moindre moyen *imaginable* de communication), il faudrait qu'il fût

---

[1] L'homme et la femme n'ont pas le même genre *prochain*, mais ils ont le même genre *éloigné*; c'est ce genre éloigné qui, portant en soi la note d'*universalité*, nous y rend tous participants. Le Sens externe ou *charnel* divise; le Sens interne ou *spirituel* unit.

possible d'admettre sans absurdité quelque chose, comme que la nuit est le jour, ou le jour la nuit, car telle est justement la contradiction où se trouvent ici clairement acculés les partisans de la pluralité des mondes. Suivant eux, en effet (s'ils nous ont suivi jusqu'ici), l'*homme-genre* n'est pas seulement un être *objectif* pareil aux simples *images* des choses dont on peut tirer autant d'exemplaires qu'on veut, ainsi qu'on peut multiplier les *portraits* d'un personnage réel, il est encore un être *subjectif*, communicable sans doute, mais toujours *réel*, constamment *identique* en nature à lui-même, et par suite vraiment *un*, radicalement *un*, comme est un le globe terrestre, accidentellement divisible en zones ou régions, mais avec faculté de passage (d'une manière ou d'une autre) de zone à zone ou de région à région. Suivant eux encore, cette même nature humaine, radicalement indivisible (si elle est *réelle* en son fond), ne laisse point, malgré cela, d'exister divisée, démembrée, dispersée, complétement et même irrémédiablement émiettée de tout point, dans les innombrables globes des cieux. En conséquence, le genre humain est pour eux un être *réel*, et, comme être *réel*, il est *un*. Et pour eux encore, le genre humain, bien moins réel que les individualités multiples auxquelles il convient, est dès lors seulement *un* pour la *forme*, seulement formel, seulement objectif. C'est-à-dire, en moins de mots, le genre humain est à la fois un genre, et *tout à fait réel*, et *seulement formel* : assertion absurde ou contradictoire. Mais l'absurde est impossible. Donc la *subjective* ou *vraie réalité* du genre humain implique la réunion de la totalité de ses membres sur un seul *globe apparent* où ils puissent jouir en commun de tous les avantages, inconciliables autrement, de la distinction *relative* la plus grande et de l'identité *absolue*.

Certainement, il ne répugne point, en dernière analyse, de concevoir des hommes réels existant dans la Lune, Jupiter, Neptune ou les étoiles ; mais, alors, les cataractes du ciel sont ouvertes, et le chaos primitif recommence, car les domaines respectifs du *Sens* et de l'*Esprit* personnels sont confondus, et ces deux genres cessent d'être distincts. Il en serait ainsi si l'on concevait, par exemple, les deux Règnes animal et végétal superposés, et non-seulement superposés (comme ils le sont de fait en l'animal, supérieur par hypothèse au végétal, et dès-lors le contenant), mais identifiés et fécondables l'un par l'autre, de telle sorte qu'il fût aussi naturel aux végétaux de produire des animaux, qu'aux animaux de se réduire en végétaux. Mais le passage des animaux aux végétaux, ou des végétaux aux animaux, est trop bien gardé par la scrupuleuse attention des puissances célestes à ne jamais sortir des limites librement acceptées de part et d'autre au moment du débrouillement du chaos primitif, pour que, sauf en d'extraordinaires rencontres comme le déluge, une puissance empiète jamais sur le domaine de l'autre. Donc, *temporellement* au moins, les genres restent perpétuellement distincts; et l'homme ne peut pas plus, comme être *Spirituel* (§ 11), habiter hors de la terre dans les autres astres du firmament, qu'il ne peut, comme animal bimane, se confondre avec les plantes ou les cristaux.

La même impossibilité *relative* qui, présentement, empêche l'homme d'*essaimer* en quelque sorte dans les cieux, empêche l'ange de se centraliser en Terre ou de s'humaniser *réellement*. L'ange fait en chaque instant des enjambées trop grandes dans l'espace, ou bien est animé de vitesses trop disproportionnées avec nos petits mouvements, pour qu'il y ait alliance naturelle possible entre les deux natures. Unir intimement l'ange et l'homme, ce serait comme associer la lumière au son : dès la première vibration, les fluides (si nous pouvons ainsi parler) se sépareraient sans retour. Il est donc présentement nécessaire que les anges restent éparpillés dans les cieux, pendant que les hommes, habitants exclusifs de la Terre, évoluent dans le temps ; et si plus tard il est utile qu'il en soit autrement, ce sera parce que le monde futur subsistera sur de nouvelles bases et sera régi par d'autres lois.

15. La limite de l'atmosphère terrestre, qui peut être bien plus éloignée de la couche solide qu'on ne le pense, est la ligne de démarcation absolue tirée par la nature entre les deux domaines de l'homme et de l'ange. Dans ce qui pré-

cède, subordonnant l'homme à l'ange, nous avons considéré ces deux êtres comme simples puissances similaires, ou bien retenant, malgré leur commune participation formelle au second degré de la puissance, des vestiges évidents de leurs premiers états respectifs $1'$ et 1^*. Mais nous avons pu constater en même temps que par leurs rôles au moins ils se ressemblent, que par leurs actes ils s'imitent, et que par leurs tendances ils se rapprochent ; et maintenant nous pouvons admettre ou concevoir aisément que, variables tous deux comme perfectibles ou défectibles, ils puissent finalement s'égaliser, comme le peuvent faire des êtres tout d'abord exclusivement intensifs ou extensifs, dont les extensifs tourneraient incessamment à l'intensité, de même que les intensifs à l'extension. Ainsi, plus généralement envisagés, l'homme et l'ange ne sont plus deux êtres inégaux, comme nous le supposions tout à l'heure ; mais, subsistant désormais sur le même pied, quoique différents, ils parcourent, l'un et l'autre, deux phases inverses de développement, qu'il s'agit de bien déterminer d'abord en idée, pour pouvoir les figurer ensuite.

Les déterminations d'*idée* sont des déterminations de limites ; et ces limites sont ici le *Sens humain* incorruptible[1], la *Raison angélique* invariable, et l'*Esprit divin* infini. Les déterminations *de fait*, venant après, sont tous les états *actuels* possibles, de *haut en bas* ou de *bas en haut,* entre ces mêmes limites.

Considérons-nous d'abord l'homme sous ce dernier aspect : il est un être, non plus exclusivement ou grossièrement sensible, mais autant ou même plus intelligent que sensible, et seulement (par suite de l'union substantielle continuant en lui de régner entre l'Intellect et le Sens) incomparablement plus d'abord intensif qu'extensif, avec faculté de s'étendre ou de se développer ensuite de plus en plus, à l'instar d'un être qui, plus il étudie, plus il sait, et, plus il sait, plus il peut.

Et qu'est, de son côté, l'ange ? Un être, prin-

---

[1] Le Sens *incorruptible* est celui de l'homme immortel et régénéré, qui, complétement soustrait au joug des forces physiques, reproduit, intensivement et par vertu dans le temps, la vie céleste et naïve des anges répandus dans l'espace.

cipalement intelligent encore, et même tout d'abord incomparablement intelligent, mais de telle sorte que, plus loin il voit ou plus longtemps il regarde, moins il est clairvoyant ou vigilant, et s'isole par grandeur ou s'endort par ennui ; d'où il résulte que, au pis aller, il peut finir comme l'homme commence.

Supposons alors, en A (*fig.* 2) le début du perfectionnement humain, et en B le terme du déclin angélique : nous pourrons voir dans le *cône* entier B'B''B une fidèle représentation de l'involution angélique, et dans le *cône* entier A A' A'' l'image inverse de l'évolution humaine. Nous sommes autorisé d'ailleurs à faire ainsi coïncider le début d'un être avec la fin de l'autre, puisque nous en faisons actuellement la comparaison au point de vue de leurs genres absolus respectifs, présupposés égaux en principe et de fait. Mais l'accroissement humain et le décroissement angélique se poursuivant constamment pas à pas, il est manifeste que, en un certain moment, l'extension et l'intensité, croissant ou décroissant inversement des deux côtés, se trouvent équivalentes dans les deux ressorts à la fois, et, pour lors, le niveau commun atteint des deux côtés est un même plan circulaire COC'. Le centre de ce plan circulaire est O. Faisons passer par ce centre une ligne idéale joignant entre eux les deux sommets de cône A et B : nous pourrons voir dans cette ligne l'axe commun des deux cônes.

Cet axe ne peut manquer d'avoir, comme les deux cônes, sa signification propre. Les deux cônes signifiant les deux phases inverses d'accroissement humain et de décroissement angélique, l'axe, escorté de leurs deux moitiés encore disposées par deux fois en sens inverse (comme on peut le voir, sur la figure, de A en O, et de O en B), mais toujours divergentes, sauf dans la région circulaire COC', l'axe ainsi circonvenu diversement, disons-nous, est l'Image de l'Intellect ou de la Raison toujours dominante, comme maintenant constamment en égalité le double développement de deux genres *spirituel* et *sensible* en longueur et en largeur. Ainsi, quand le genre humain est en sa plénitude d'intensité latente en A, le genre angélique est en sa plénitude d'extension apparente de B' en B''; et quand le genre angélique est à son tour en sa plénitude de décroissement en B, le genre humain est en sa plénitude d'accroissement de A' en A''. L'axe est donc une image d'activité rationnelle essentiellement compensatrice.

Mais si les trois genres *spirituel*, *sensible* et *intellectuel*, obtiennent séparément leur représentation *spéciale* ou dans l'*ensemble* ou dans *chacun* des deux êtres humain et angélique, nous n'avons pas encore dit quelle en peut être la représentation *commune* en l'état, non plus *infinitésimal* (comme celui déjà décrit, où les lignes *axiale* et *génératrices* de cônes doivent être censées s'avancer hyperboliquement), mais *algébrique* ou potentiel (quand les mêmes lignes sont censées retenir invariablement leur intégralité primitive et rationnelle). A la différence des états temporels, les états potentiels ne connaissent point de phases, mais ils n'excluent point pour cela l'exercice éminemment variable de l'imagination ou comportent tous les jeux possibles de l'esprit : ils se prêtent donc d'abord, au moins imaginairement, aux deux points de vue contraires de l'*extension* et de l'*intensité*. Considérons-nous alors, au point de vue de l'intensité, tous les êtres *absolus*, soit humains, soit angéliques : nous les voyons représentés au centre de la figure par un très-petit *cube* parfaitement régulier. Les considérons-nous ensuite extensivement : ils nous apparaissent projetés sous la *même forme* à l'entour de la figure à d'immenses distances appréciables aux seuls êtres immortels eux-mêmes. Mais, après les deux précédents exercices excessifs de l'imagination, on en conçoit encore d'autres toujours finis et proportionnés à nos exercices terrestres ou temporels, et dont la région moyenne comprise entre le petit et le grand cube peut être le théâtre : ces exercices *finis* imaginables sous formes *hyperbolique*, *oscillatoire*, *circulaire*,... en pourraient-ils être exclus ? Cette supposition est souverainement invraisemblable, et par là même irrationnelle. Nous pouvons donc admettre dans cette région moyenne, avec le plan circulaire COC' pour équateur, un grand *sphéroïde* révolutif, analogue aux cieux apparents, mais offrant (ce qu'on ne voit actuellement qu'exceptionnellement et comme par hasard dans le monde stellaire), en tout sens et par manière d'arborisations ou de ramifications intellectuelles ou formelles — sinon sensibles ou matérielles, — le même spectacle d'*organisations sociales* qu'on peut, aujourd'hui même, admirer en terre dans le genre humain, divisé par langues, tribus et nations. Ainsi complétement déterminée dans ses trois régions centrale, moyenne et périphérique, la *fig*. 2 peut alors être regardée comme une vraie représentation abrégée de l'Univers.

Dans notre pensée, les êtres tout *négatifs* (mauvais) dont nous n'avons pas eu l'occasion de parler, doivent être censés compris entre les points A et B, où l'exercice angélique finit et l'humain commence, c'est-à-dire dans l'*axe* AB, siége de *complète inertie*. Mais nous n'avons pas dit, non plus, comment les deux exercices *angélique* et *humain* peuvent se rattacher à l'exercice infini *divin* : la réponse à cette question, que rien n'indique en la *fig*. 2, est au moins préparée sur la *fig*. 1, à l'endroit où nous avons interrompu le tracé des rayons prêts à passer de la région infinie périphérique à la moyenne angélique. En effet, le monde central *humain* tient étroitement au monde moyen *angélique*, comme l'enfant tient à sa mère par le cordon ombilical et ses attaches; mais il n'y a rien de pareil entre le double monde *humain* et *angélique*, fini dans son ensemble, et le monde infini *divin* environnant. Le double monde humain et angélique est dans ce dernier monde, comme le poulet vivant est en sa coque qu'il se prépare à percer pour s'élancer au dehors. Ce monde intérieur y parvient-il effectivement : il est, dès ce moment, installé dans le grand cube de la *fig.* 2, et participe à tous les avantages de l'état divin.

16. La comparaison de l'œuf, que nous venons d'employer, n'est pas nouvelle ; elle était surtout familière aux anciens, qui semblent s'en être fait un symbole, comme on en peut juger par le grand nombre et la variété des auteurs qui s'en sont servis ; et si les modernes, plus circonspects, en ont usé moins fréquemment, c'est sans doute par la difficulté mieux ressentie d'en donner une interprétation rationnelle. Nous ne pouvions, au contraire, nous empêcher de l'accueillir avec

empressement, parce qu'elle venait justement à point pour clore d'une manière tranchée notre exposition, et nous permettre de la résumer en quelques mots substantiels, par cette seule observation : que, le jeune poulet brisant lui-même sa coque pour éclore, l'homme doit aussi, par la *science* et la *vertu*, faire lui-même son entrée dans le monde divin. L'entière rupture de son enveloppe terrestre ou temporelle s'opère par trois coups consécutifs dont chacun lui ménage une subite apparition ou recrudescence de lumière et la découverte d'un nouvel horizon.

La *première* vue du monde est la vue *physique* de l'homme primitif et des anciens philosophes ou naturalistes, pour lesquels la Terre, avec son atmosphère visible surmontée d'une voûte ovale, diaprée de points brillants fixes ou mobiles, était tout l'univers. Cette manière de voir a régné longtemps, et se maintint dominante jusqu'à l'époque de Copernic, qui fut l'habile promoteur de la *seconde* vue, dite *géométrique*, reculant les limites du monde au-delà de celles du système solaire, extrêmement agrandi déjà, mais sans pousser plus loin d'ailleurs ses investigations. Cependant, formulant sa théorie, Copernic n'eu put ou sut indiquer ni les lois ni les causes, et l'éclaircissement de ce point important restait en conséquence à la charge des générations à venir. Deux hommes tentèrent bientôt après, et presque dans le même temps, mais indépendamment l'un de l'autre et par de tout autres moyens, cette difficile entreprise. Tandis que Képler observait le ciel avec ses télescopes, Descartes intervenant l'envahit hardiment en simple penseur; il le parcourut par la pensée dans tous les sens; il y fouilla tout, remua tout, mais malheureusement sans se donner d'autre mérite que celui d'en avoir sondé tous les abimes et mis à nu les éléments. Képler n'aboutit pas davantage à formuler la synthèse ambitionnée par son infatigable concurrent, mais il eut au moins la bonne chance de rencontrer trois lois extrêmement remarquables, et qu' devaient demeurer dans la science. Alors survint Newton, comme un autre Pompée, sur les traces de ses deux devanciers, pour recueillir le fruit de leurs longs et pénibles travaux : une simple idée qui lui passa par la tête, mais qu'il sut bien saisir au passage, lui mit heureusement en main la clef du système solaire. Cette bonne idée fut d'ériger en activité fondamentale l'*attraction*, que venaient ensuite servir ou déterminer à propos les deux actes similaires de *répulsion* et d'*impulsion*. Ces trois actes impliquaient trois forces, et ces trois forces expliquaient les lois de Képler; elles remplaçaient avantageusement les tourbillons hypothétiques de Descartes : le problème était donc complétement résolu en principe. Nous insistons ainsi sur la série des travaux en ayant amené la solution, parce qu'on a souvent l'air d'exalter trop haut le mérite du dernier venu. Sans Descartes ni Képler, Newton n'eût été très-probablement ni l'un ni l'autre. Il savait bien voir, mais ne savait rien approfondir; il avait tout son esprit à la surface, et la preuve en est claire. Son invention du calcul infinitésimal fut une création informe, à côté de celle de Leibnitz, qui devint seule d'un usage universel; l'idée newtonienne de la réalité de la lumière porte les traces d'une absence complète d'idées philosophiques; enfin, la précieuse invention de la force radicale attractive fut si peu comprise par Newton lui-même, qu'il ne cessa jamais de la déclarer une simple hypothèse, car il ne savait où la loger ni comment la rattacher aux deux autres forces similaires célestes. Néanmoins, il faut reconnaître aussi que, sans Newton, le système de Copernic ne se complétait point. Après Copernic, soit donc rendue sans réserve à Descartes, à Képler et à Newton, la gloire qu'ils méritent. Nous venons de dire : sans réserve ; mais encore il faut s'entendre là-dessus. Le système complété par Newton est le système solaire, non le système du monde, comme on a l'air de le croire. Le système du monde en est, après la vue *géométrique* dont nous venons de rappeler la formation, la vue *psychologique*, à peine esquissée dans cet écrit, mais complète pourtant, sauf les détails, tout autant que (pour la simplification du sujet) nous nous sommes abstenu d'y faire figurer les conditions *morales* ou *dynamiques* du mouvement *circulaire* universel par les trois formes de l'être 1^3, 1^2 et 1^1, ou 1^1, 1^2 et 1^3.

17. Nous avons eu nous-même assurément

nos devanciers ; et, sans deux hommes qui nous ont précédé, nous n'eussions rien trouvé, peut-être même rien écrit. Ces deux hommes, dont nous nous sommes inspiré, n'ont rien de commun ensemble. Herbart, que nous avons surnommé le Descartes de la psychologie, ne s'est montré ni moins hardi ni plus heureux que le philosophe français ; mais au moins il a, comme lui, tout remué dans cet ingrat terrain, et par là même évité ce rude labeur aux autres. Malus, de son côté, vouant ses recherches à l'Optique, ne découvrit pas seulement le magnifique phénomène de la polarisation, mais il attacha son nom à deux lois importantes, à savoir : celles des deux carrés du sinus et du cosinus, grosses des plus belles découvertes à venir. Pour nous orienter utilement, il nous a suffi pour lors de nous faire le disciple de ces deux grands hommes, et, passant de l'un à l'autre, d'apprendre à compenser par leurs qualités leurs défauts respectifs, afin que, arrivant de cette manière à regarder avec les larges idées de Herbart les faits trop particularisés de Malus, nous ayons pu découvrir sous la maigre image de simple polarité rotatoire les trois grands types hiérarchiques de *centre-foyer* ($= 1^3$), de *pur foyer* ($= 1^2$) et de *rayon résultant* ($= 1^1$). Beaucoup trouveront peut-être en cela notre butin bien petit, parce qu'il n'est point accompagné d'un grand attirail de formules mathématiques; mais c'est à peu près comme si l'on voulait reprocher à l'or de n'être pas aussi volumineux, *pour même valeur*, que le fer ou le plomb. Les grandes idées philosophiques ne se prouvent point mathématiquement, parce qu'elles sont les *formules* ou les *opérations mathématiques elles-mêmes, rationnellement interprétées*. C'est ainsi que nous avons pu constater ailleurs le fait de la *multilocation* de l'être dans la *multiplication* d'une série de termes par un même facteur censé les prendre tous à la file. C'est encore ainsi qu'on conçoit les idées divines comme des calculs tout faits. Les mathématiques, rationnellement interprétées, sont la science elle-même à sa plus haute puissance. Les physiciens, les chimistes, les naturalistes, découvrent les *faits*, que les mathématiciens coordonnent ensuite sous la forme de *lois*; mais les philosophes, survenant alors, transforment, seuls, et ces *faits* et ces *lois* en *idées pu-*

res et réelles tout ensemble. Cette supériorité des derniers sur tous les précédents n'est point une supériorité personnelle ou de talent et de génie, mais seulement de position et d'ordre. Comme le fait sonner avec raison bien haut l'Auteur de la *Nouvelle alliance*, les hommes forment une chaîne dont les premiers semblent l'emporter en mérite, et les derniers en bonheur ; mais telle est la volonté divine du destin, que rien ne saurait modifier, et dont on ne saurait se plaindre, puisqu'elle doit tourner à la commune satisfaction de tous. *In hoc enim est verbum verum ; quia alius est qui seminat, et alius est qui metit... Ut et qui seminat, simul gaudeat, et qui metit* (Joan, IV, 37-36).

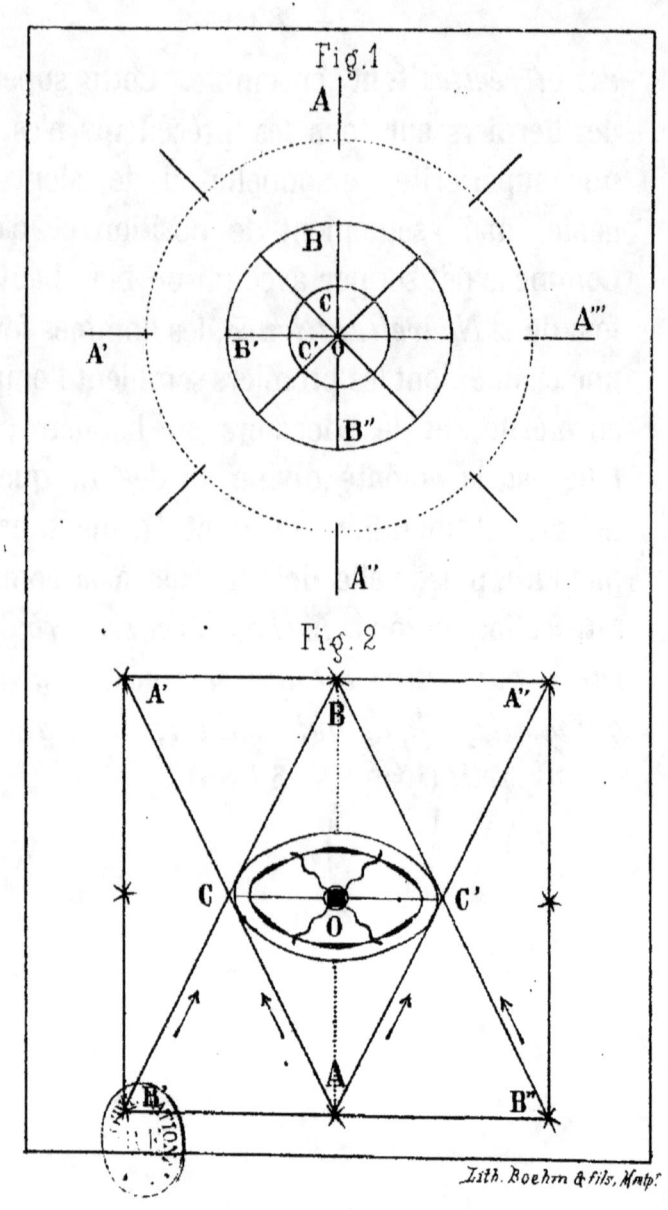

Planche du N° 6 (*Phénoménologie*)

TABLE DES MATIÈRES

	§§
INTRODUCTION.........................	
Les trois *vues* de l'Être................	1
La phénoménologie définie et divisée........	3
Les trois genres potentiels *infinis* figurables à l'esprit.............................	5
Les trois termes formels *indéfinis*, ou positifs *finis*, figurables à l'Intellect ou au Sens....	6
Définition rigoureuse des êtres *infinis*, *indéfinis* ou *finis*.............................	8
Conséquences des principes établis par ces définitions...............................	11
Application de ces principes et conséquences..	12
Lois de la représentation objective	13
Réfutation péremptoire de la pluralité des mondes..............................	14
Représentation générale de l'univers........	15

FIN DE LA TABLE.

www.ingramcontent.com/pod-product-compliance
Lightning Source LLC
LaVergne TN
LVHW050557090426
835512LV00008B/1210